ORGANISATION

DU

SERVICE DES PESTIFÉRÉS

A SAINT-OMER EN 1625

Par M. PAGART D'HERMANSART

Secrétaire-général de la Société des Antiquaires de la Morinie.

SAINT-OMER

IMPRIMERIE ET LITHOGRAPHIE H. D'HOMONT

14, rue des Clouteries, 14

—

1893

ORGANISATION DU SERVICE DES PESTIFÉRÉS

À SAINT-OMER EN 1625

ORGANISATION

DU

SERVICE DES PESTIFÉRÉS

A SAINT-OMER EN 1625

Par M. PAGART d'HERMANSART

Secrétaire-général de la Société des Antiquaires de la Morinie.

SAINT-OMER

IMPRIMERIE ET LITHOGRAPHIE H. D'HOMONT

14, rue des Clouteries, 14

1893

Extrait de la 166ᵉ livraison du *Bulletin historique* de la Société des Antiquaires de la Morinie.

ORGANISATION DU SERVICE DES PESTIFÉRÉS

A SAINT-OMER EN 1625

On a décrit déjà les ravages causés par les diffé-
rentes pestes qui sévirent à Saint-Omer pendant
le moyen-âge et jusqu'à la fin du XVIIe siècle,
mais on a moins insisté sur l'ensemble des mesures que prenait l'administration échevinale contre le fléau [1]. Si pendant les premiers siècles où les
épidémies eurent une violence excessive, bien des
précautions étaient négl'gées, plus tard le service
des pestiférés se trouvait organisé avec un soin
remarquable qui fait honneur au Magistrat [2]. Nous
trouvons dans les archives communales notam-
ment des détails précis sur les mesures adminis-
tratives qui furent prises en 1625. La peste qui
éclata cette année-là ne fut d'ailleurs ni une des
plus terribles ni une des plus longues que la population ait eu à supporter, puisqu'elle ne dura
guère que six mois.

Dès le milieu de l'année 1623 l'état sanitaire du
Nord de la France était inquiétant, et l'échevinage

[1] Voir les *Établissements hospitaliers de Saint-Omer*, par M. L.
Deschamps de Pas, St-Omer, D'Homont 1887, p. 351 et suiv. —
La peste à Saint-Omer en 1597 et 1636, par M. l'abbé Bled, Ar-
ras, Laroche, 1892, in-12, 12 p.

[2] On appelait ainsi en Flandre le corps municipal.

de Saint-Omer prenait le 17 août une délibération
portant : « Pour obvier à la maladie contagieuse
» qui règne de présent ès villes de Paris, Rouen,
» Dieppe, Beauvois, le tout au royaume de France,
» défense de n'admettre aulcunes personnes ny
» marchandises provenans desditz lieux sous les
» peines etc. »[1]. Mais en 1625 le fléau s'était
étendu et avait atteint Calais à quelques lieues de
Saint-Omer, et c'est en vain que le Magistrat fit
le 2 juin un règlement prohibant l'entrée de cer-
taines marchandises venant de cette ville[2]; deux
mois après le faubourg du Haut-Pont fut envahi
par la maladie, et le 8 août l'on reconnut que deux
ou trois enfants y étaient morts de la contagion
l'avant-veille[3]. Aussitôt l'échevinage prit les précautions nécessaires pour empêcher le fléau de
s'étendre, et pour organiser les secours tant à domicile que dans les établissements hospitaliers
que possédait la ville.

Il fit le 20 août un accord avec un « porteur
de corps morts pestiférés », nommé Nicolas
Ruyde, qui fut chargé de conduire les malades à
l'hôpital Saint-Adrien[4], où des sœurs les soi-
gnaient, et d'enterrer la nuit dans le cimetière de

[1] Registre aux délibérations du Magistrat Q commençant
aux Roys 1621 et finissant au deuxième de janvier 1626,
p. 85.

[2] id. p. 168.

[3] Pièce justificative I.

[4] C'était l'ancienne maison des Béguines, sur le bord de la
rivière Sainte-Claire, qui fut affectée vers 1523 au traitement
des pestiférés. Cet hôpital cessa d'exister vers 1750. Avant sa
création, les malades étaient secourus à domicile. (Deschamps
de Pas, *loc. cit.*)

cet hôpital [1], « ou ailleurs en terre sainte, à une profondeur de quatre pieds pour le moings », ceux qui décéderaient de la contagion.

Autrefois la population avait eu à se plaindre de divers désordres commis par les frères *scellebroders* chargés au quinzième siècle et pendant une partie du seizième, de soigner les pestiférés et d'enterrer leurs cadavres, et le Magistrat avait dû les supprimer [2]. Il eut soin de prévenir le retour de pareils scandales et il fit jurer au nouvel agent qu'il instituait, d'exercer ses fonctions « sans
» aulcunement prendre ou mésuser des biens
» qu'il trouvera ès maisons mortuaires ou aultres,
» ny pareillement aller ou converser en sa maison
» avec sa femme maisme ny ailleurs que ès lieux
» ou besoing sera pour l'estat du dit office. » De plus, on eut soin de choisir un homme marié, et cet usage persista lors des épidémies postérieures.

Quelque grande que fût l'utilité d'enterrer rapidement les morts, l'enlèvement des cadavres ne pouvait avoir lieu « sans réquisition de la per-
» sonne à qui ce polra toucher, ou ordonnance
» de la part de Messieurs du Magistrat. »

Le « porteur de corps morts pestiférés » devait recevoir de l'échevinage 18 florins par mois, plus

---

[1] Ce cimetière derrière le couvent des Béguines était un emplacement qui avait été acheté par le Magistrat vers 1523 pour en faire un cimetière pour les pestiférés. Il faisait partie de l'amanie de Saint-Bertin en 1753 (*Bulletin hist.* t. VIII, p. 238). C'est aujourd'hui le marché aux bestiaux (id.)

[2] Grand registre en parchemin aux archives municipales, 23 décembre 1523, f. 147 v° et *Établissements hospitaliers de Saint-Omer*, déjà cité, p. 353-354. Ces frères étaient de l'ordre de Saint-Augustin.

30 sous par inhumation, qui étaient aux frais des familles « ayant moïens »; pour les pauvres la ville versait 15 sous. En outre on lui donna de suite « pour denier à dieu » xxx s. et un demi-tonneau de forte bière. Il était tenu de loger dans « une chambrette », hors la porte du Brûle, vers le moulin de la Mal-assise, et de porter un bâton rouge afin que chacun évitât de l'approcher; à lui-même était imposée l'obligation de s'éloigner « en distance compétente » de tout habitant. Il lui était de plus interdit d'avoir communication avec qui que ce fût pendant six semaines après la cessation du fléau, et son salaire continuait à lui être payé pendant ce temps. Le règlement du 20 août prévut le cas où le porteur de corps morts ne pourrait suffire à sa tâche, si par exemple l'épidémie prenait une certaine gravité; il porte en effet : « Et si » l'on commect encore aultres personnes ou dit » office ou aultres choses en dépendant, icelluy » Nicolas sera tenu l'assister et faire tous les » debvoirs requis pour l'exécution de leur office » de bonne foy. »

Si enfin il venait à mourir dans le cours de ses pénibles fonctions, la veuve devait être assistée par la bourse commune ou la table des pauvres des églises[1].

Nicolas Ruyde n'exerça pas sans doute son of-

---

[1] Voir ces conditions Pièce justificative II. — Les *tables des pauvres* étaient des institutions charitables annexées à chaque paroisse, gouvernées chacune par trois administrateurs annuels qu'on nommait *tabliers*. Ces établissements correspondaient assez exactement aux fourneaux économiques de nos jours. Le chapitre de la collégiale avait aussi sa table des pauvres.

fice au gré du Magistrat, car il fut remplacé pres-
que de suite, le 26 août, par Guillaume Andrien et
Anne Erson Robert, sa femme, et on l'obligea à
« se tenir pendant six semaines en l'une des
» hobettes ou chambrettes estant hors la porte
» du brulle, vers le mollin de mal assise [1] ».

On prescrivit aussi le 4 septembre « dès main-
» tenant et pour l'advenir » de garnir les maisons
des pestiférés « en hault de l'huys, par dehors
» sur la rue, d'une barre de bois blanc » très ap-
parente, et les malades ne purent sortir sans
porter « visiblement la blance verge », à peine de
cinq florins d'amende [2]. On ne leur permettait de
circuler dans la ville que de midi à 2 heures, et
de 2 heures à quatre les jours de marché ; l'entrée des églises leur était interdite et ils ne pou-
vaient entendre la messe les dimanches et fêtes
que sur l'emplacement des cimetières, qui, on le
sait, étaient alors autour des églises [3].

Le 4 septembre, un chirurgien de la ville, Georges
du Maisnil, fut chargé d'assister « tous bour-
» geois et habitans qui sont ou polront estre tou-
» chés » de la maladie contagieuse ; et un apothi-
caire lui fut adjoint pour lui livrer « ce qui sera
» de besoing à la charge de la ville pour le regard
» des pauvres [4]. »

Le chirurgien fut logé près du jardin de Saint-
Adrien, il eut quatre florins par jour dont le paie-

[1] Registre aux délibér. du Magistrat Q f. 177. Voir page 12
une note relative aux porteurs de corps morts pestiférés en
1636 et 1637.

[2] Registre aux délibér. du Magistrat Q f. 180.

[3] Pièce justificative IV.

[4] Registre aux délibér. du Magistrat Q f. 180. Pièce just. III.

ment devait lui étre continué pendant « les qua-
» rante jours après que de la part de Messieurs
» luy sera déclaré que l'on le décharge de la sol-
» licitude des infectez », et on lui avança de suite
cent florins sur ses gages. On lui fournit en outre
cent fagots, trois rasières de charbon et trois
pierres de chandelles [1]. Et il fut exempt de « garde
» personnelle pour lui et ceulx de son maisnage,
» et de logement de soldats ». On lui accorda encore 20 florins, valeur d'une robe, et 20 autres
pour denier à dieu « ou vin de ce présent accord. »

Il était tenu « de visiter oculairement, traictier
» et panser par ses mains tous malades infectez
» tant pauvres que riches. » Les bourgeois « ayant
moiens » lui devaient 20 pattars pour chaque saignée, les « habitans médiocres, gens méchaniques
» vivant de leur travail et manœuvres » seulement
dix pattars. « Ne lui sera payé aultre chose »
pour saigner les pauvres entretenus par les tables
paroissiales, bourses communes et hôpitaux.

Moyennant le même salaire, il devait faire « vi-
» sitation des corps morts réputés d'estre décédés
» du mal conttagieux touttefois qu'il en sera re-
» quis ou que lui sera ordonné par messieurs du
» magistrat »; son salaire était fixé « seion la
» qualité des personnes, sçavoir XX s. pour les
» riches, x s. pour les médiocres et pour les pau-
» vres rien. »

---

[1] La *rasière* équivalait à l'hectolitre 1/3 actuel. La *pierre* était
tantôt de 4 livres 1/2 tantôt de 6 livres, suivant la marchandise
pesée, la livre ancienne de Saint-Omer étant de 14 onces. (Voir
les *Communautés d'arts et métiers,* Saint-Omer, Fleury-Lemaire,
1879, p. 172, 174, 175.)

Il pouvait fournir « les emplastres, cataplas-
» mes, applicatz et aultres médicamens » et s'en
faire payer « raisonnablement », mais les malades
étaient libres de les faire prendre à leurs dépens
chez les apothicaires.

Les remèdes employés et en usage alors ne sont
pas indiqués d'une manière précise, et l'échevinage n'en recommande aucun, ce sont des sai-
gnées, des emplâtres, cataplasmes, « applicats et
» aultres médicamens qu'il conviendra », dont
la composition n'est pas mentionnée.

Les « physiciens » ou médecins, même ceux
attachés à la personne des princes qui avaient
gouverné la Flandre et l'Artois, avaient en effet
édicté vainement des prescriptions variées, en
recommandant comme moyen préventif l'usage
du vin, des fruits aigres, d'infusions de surelle [1]
dans du vinaigre, de la triacle ou thériaque, l'ab-
stention des bains, etc. Le vinaigre était consi-
déré comme un désinfectant, on conseillait d'en
aspirer souvent et d'en user avec tous les remèdes. Lorsque le mal était déclaré, on ne connais-
sait guère que la saignée pratiquée à diverses par-
ties du corps selon les circonstances et les or-
ganes atteints les premiers [2]. Mais ces remèdes

[1] C'est la petite oseille.

[2] Le tome X des *Mémoires de la Société d'émulation de Roubaix*
(année 1888) contient p. 221 à 241 un intéressant chapitre sur
la peste dans une étude intitulée *les Médecins des pauvres et la
santé publique en Flandre,* par M. Alex. Faidherbe.

Voir un mémoire inédit de Lantaret sur la peste de Digne en
1629 qui fit périr les neuf dixièmes de la population. C'est un
morceau remarquable, au point de vue médical et littéraire,
communiqué par M. Isnard, archiviste des Basses-Alpes, au

n'avaient aucune efficacité, l'isolement des malades seul pouvait diminuer l'intensité du fléau[1] et c'était la principale mesure que prescrivait l'échevinage. Des ordonnances relatives à la destruction par le feu ou à la vente et au colportage des hardes et vêtements des pestiférés morts complétaient l'ensemble des moyens employés pour empêcher la propagation de la contagion.

Mais il ne suffisait pas d'édicter ces mesures, il fallait en assurer l'exécution : l'échevinage s'adjoignit deux bourgeois pour y veiller. Les sieurs Bulot et Thelier acceptèrent courageusement le 25 septembre la mission de visiter les maisons infectées et les hôpitaux, et de rendre compte chaque jour au Magistrat de la situation de l'épidémie[2]. Ils durent aussi faire sortir des hôpitaux les pauvres étrangers à la ville et de les faire conduire hors des portes[3] afin d'assurer des lits aux habitants malades et de concentrer tous les secours au profit d'eux seuls.

On demanda également deux religieuses de l'hôpital de l'escotterie au brulle « pour tenir leur » demeure en lune des chambres de la maison de » St Adrien, pour y assister ceulx quy se y seront

Comité des travaux historiques et scientifiques *(Bulletin historique et philologique,* année 1891, n° 1, p. 40 et suiv.).

Dans la collection des *Documents inédits sur l'histoire de France,* les lettres de Peiresc contiennent t. I, p. 728 et 741, t. II, p. 176, des détails également curieux sur la peste qui sévit de 1629 à 1632 dans le Midi et qui désola la ville d'Aix.

[1] On comptait aussi beaucoup sur la gelée pour arrêter l'épidémie pendant l'hiver.

[2] Pièce justificative IV.

[3] Registre aux délib. du Magistrat O, f. 182 r°.

» rethirez pour la contagion », et on fit « raccom-
» moder deux petites maisons estans du pour-
» pris du jardin de St Adrien afin de s'en servir
» pour ceulx quy seront envoyez audit lieu pour
» la contagion [1]. »

On réussit peut-être ainsi à enrayer le fléau, car la peste de 1625 ne fut pas très violente. Au mois de novembre, l'archiduchesse infante, gouverneur général des Pays-Bas [2] ne craignit même pas de venir à Saint-Omer qu'elle quitta le 7. L'épidémie continuait cependant, car l'échevinage décida le 24 novembre de faire le 4 du mois suivant « pour- » chas pour les povres infectez.... ès maisons des » habitans », et il envoya vers l'évêque, le chapitre de Notre-Dame et l'abbé de Saint-Bertin pour les prier de « contribuer quelque chose audict effet. [3]»

Ces mesures préventives, ces prescriptions sanitaires et la charité publique semblèrent avoir dominé complètement l'épidémie, puisque le 15 décembre, Messieurs autorisèrent le chirurgien commis aux pestiférés à commencer le lendemain la quarantaine à la suite de laquelle il pourrait reprendre la vie commune [4].

Toutefois cette décision fut un peu prématurée, car si le fléau sommeilla en quelque sorte pendant l'hiver, il se réveilla au printemps de 1626 ; les archives communales [5] nous font savoir

[1] Registre aux délib. du Magistrat Q, f. 182 v°.

[2] Isabelle-Claire-Eugénie, infante d'Espagne, devenue par le décès de l'archiduc Albert, son mari, arrivé le 13 juillet 1621, gouverneur général des Pays-Bas au nom de Philippe IV.

[3] Registre aux délib. du Magistrat Q, f. 196 r°.

[4] id. f. 199 r°.

[5] Le registre qui suit celui de 1625 manque, et nous n'avons

en effet qu'on dut nommer alors un nouveau chirurgien pour visiter et soigner les pestiférés, il eut 20 patars pour chaque visite. Il parut nécessaire d'isoler plus complètement les malades, et on fit bâtir des cabanes dans les terrains communaux voisins de la ville afin de les y loger. A la fin de l'année, le couvent des Dominicains fut atteint, et on donna le 30 décembre à ces religieux une somme d'environ 150 florins pour les secourir. Les Pères Jésuites, qui avaient assisté les pestiférés, reçurent également du Magistrat 300 florins pour les services qu'ils avaient rendus.

Le 27 janvier 1627 le chirurgien spécial fut libéré par l'échevinage de ses obligations. Mais, comme celui de 1626, le printemps de 1627 vit un léger retour du fléau. Cela n'empêcha point le gouverneur général d'Artois de faire son entrée solennelle à Saint-Omer au mois de mai. Et la peste disparut enfin.

Mais ce ne fut pas la dernière épidémie que la ville eut à subir. La peste reparut dès le mois de juillet 1635 [1], diminua un peu pendant l'hiver, puis reprit et devint terrible en 1636 [2] pour durer encore en 1637, et bien qu'alors le Magistrat eût mis

plus pour guide que la table alphabétique des délibérations qui présente diverses obscurités dans sa rédaction sur le point qui nous occupe ici.

[1] *Ms. d'Haffrenghes n° 878 à la bibliothèque de la ville de Saint-Omer, t. I, p. 221 v°.*

[2] En août et septembre 1636, on fit venir de Dunkerque successivement deux chirurgiens pour le service des pestiférés : le sr Pierre Vanderstraete et le sr Jean Sago. (*Ms. d'Haffrenghes, t. I, p. 222.*

M. Deschamps de Pas dit qu'en 1637 les « deux personnes

en œuvre tous les moyens résultant de l'expérience acquise lors des précédentes contagions,
ses efforts furent vains, treize mille personnes au
moins furent victimes du fléau pendant ces deux
années. Il faut signaler encore les pestes de 1638,
1644, 1667 et 1668.

En terminant cette petite notice, nous croyons
pouvoir ajouter quelques mots pour indiquer,
d'une manière plus précise qu'on ne l'a fait jusqu'ici, quels étaient les saints invoqués contre la
peste dans le Nord de la France.

On sait quel était le dévouement des prêtres
séculiers et des congrégations religieuses pendant les épidémies de peste, et on a vu que l'échevinage n'hésitait pas à y faire appel. Pendant la
durée de la contagion pour implorer le ciel, comme
après sa cessation pour remercier Dieu, le clergé
était dans l'usage de faire des prières publiques
et d'ordonner des processions où l'on portait les
châsses des saints patrons de la cité : saint Omer
et saint Bertin, ainsi que la statue de N.-D. des
Miracles. Toute la population et les magistrats
s'associaient à ces manifestations. De plus depuis

employées à porter en terre les corps morts de la contagion
étaient un ménage, mari et femme, que l'on payait exclusive-
ment pour ce service (*Etablissements hospitaliers de Saint-Omer*,
p. 360), ce qui corrobore ce que nous avons dit p. 7.

Le 12 octobre 1637, le porteur de corps morts pestiférés ayant
achevé sa quarantaine, fit chanter une messe en musique en la
chapelle de N.-D. des Miracles, lui offrit un cierge de 12 à 15
livres, fit célébrer à toutes les paroisses de la ville un service
pour l'âme de ceux qu'il avait enterrés et versa 300 florins à la
bourse des pauvres. (*D'Haffrenghes*, t. I, p. 236.)

1426 jusqu'au milieu du siècle dernier, on célébrait chaque année, dans les principales églises de St-Omer, la veille de l'Assomption, une messe dite *de la cliquette,* ainsi dénommée à cause de l'instrument que les convalescents, encore assujettis à une sorte de quarantaine, étaient tenus d'agiter afin qu'avertis par le bruit, les habitants qui les rencontraient ne les approchassent point[1].

Mais dans les contrées du Nord de la France, le saint auquel était attribué le pouvoir d'apaiser et de détourner la peste était saint Adrien. A Saint-Omer aussi, son culte fut répandu durant le moyen-âge, et nous avons signalé le cimetière destiné à l'inhumation des personnes décédées de maladies contagieuses qui portait son nom[2].

En outre, au XVIIe siècle, saint Charles Borromée, canonisé en 1610, et qui, lors de la peste de Milan en 1576, avait bravé l'épidémie et porté des secours et des consolations aux malades, fut aussi imploré contre la peste. Le 1er septembre 1636, on fit à Saint-Omer des processions générales autour des remparts de la ville pour obtenir la cessation de la contagion, et on y porta, outre diverses statues, celle de saint Charles Borromée[3].

---

[1] Derheims, *Histoire de Saint-Omer,* p. 612.

[2] M. Albert Legrand, dans le *Bulletin histor. des Antiq. de la Morinie,* t. I, p. 44, dit : « De nos jours, il existe encore dans » l'ancienne cathédrale de Saint-Omer un tryptique représen- » tant sur l'un de ses volets le glorieux martyr toujours dans le » costume traditionnel que nous ont légué nos pères. » Saint Adrien avait un autel dans l'église du Saint-Sépulchre. *(Bull. hist.,* t. VIII, p. 419.)

[3] *Ms. d'Haffrenghes* déjà cité. t. I, p. 223. Il mentionne « les images de N.-D. des Miracles, de N.-D. du Rosaire, de saint

D'autre part, il existait à Béthune en Artois, depuis la fin du XIIe siècle, une confrérie de *Charitables de Saint-Eloi,* qui avait pour but de soigner
les pestiférés, de les ensevelir et de les porter au
lieu de repos[1]. Or, pendant la peste de 1668,
« Monsieur Dessars, chanoine de la cathédrale
» de St Omer », d'après un des registres aux délibérations du Magistrat, « at présenté de la part
» de la confrérie de St Eloy de Béthune, une mé-
» daille d'argent doré portante l'effigie dudit saint,
» et à Messieurs du Magistrat de cette ville[2] »; et
on décida plus tard que cette médaille serait por-
tée par les échevins de Saint-Omer, commissaires
pour la peste, à la procession et aux offices qui
devaient avoir lieu le 12 juin « pour remercier Dieu
» de la délivrance de cette contagion, et y sera pré-
» sentée une chandelle en offrande, avecq ladite
» médaille à l'honneur dudit saint et de St Charles
» Boromé, grands patrons contre la peste[3]. »

Charles Borromée, saint Roch, saint Sébastien, saint Adrien,
sainte Isbergue, les chefs de saint Bertin et saint Omer », et
autres reliques.

[1] *Histoire de la confrérie des charitables de Saint-Eloi à Béthune
depuis son origine 1188 jusqu'à nos jours,* par E. Beghin (Béthune,
David, 1882).

[2] Reg. EE, f. 71 v° aux arch. municip. Délib. du 12 avril.

[3]   id.   f. 75 v°.   id.   du 9 juin.

PIÈCES JUSTIFICATIVES

I

8 Août 1625.

« Pour obvier à la contagion.

» Le viii⁰ d'aoust xvi⁰ xxv, par devant Messieurs de l'an passé sauf le sʳ de Disque [1] et Franchois [2], ceux de l'an présent sauf le sʳ d'Holrœux [3], les dix jurez sauf Devoulf [4], Meurin et Louvel [5], at esté représenté que l'on at recognut que le jour devant hier sont décédez de la contagion deux à trois enffans demeurantz aulx faux bourgs du Haultpond, et que partant seroit bien requis de pourveoir et tenir appercheux ung cirurgien, quelque personne pour porter en terre ceulx que lon trouvera estre décédez de contagion, et aultres choses requises et nécessaires en tel cas, affin que lon ne soit prins à pied levé au cas que le mal vint à rengraver. »

(Registre aux délibérations du Magistrat Q, commençant aux Roy 1621 et finissant au deuxième janvier 1626, f. 176 vᵒ.)

[1] Jérôme Destiembecques, écuyer, sʳ de Disques.
[2] Denis Le François.
[3] Charles de Genevière, écuyer, sʳ d'Holrœux.
[4] Cornil de Vulf.
[5] Guillaume Meurin et François Louvel.

II

20 Août 1625.

« Accord fait avecq un porteur de corps morts pestiférés.

» Le xx⁰ jour d'aoust xv⁰ xxv, pardevant Messieurs de l'an présent, sauf Castelain [1], Sanblethun [2] Bonvoisin [3] et Affringhes [4], at esté faict accord avec Nicolas Ruyde, demourant en ceste ville de Saint Omer, lequel auroit promis de servir ceste ville, le commun et particuliers d'icelle, et de se conduire selon que luy serat ordonné par ou de la part de Messieurs du Magistrat de ceste ville ou leur commis pour le fait de la peste ou contagion ou maladie, tant pour porter les corps qui polront décéder dès en avant ès metttes de la dite ville et banlieue, de peste, contagion ou aultre maladie. et iceulx inhumer et enterrer en terre saincte, aussy porter ou mener les malades et indisposez à l'hospital de Sᵗ Adrien ou aultre lieu, de faire les fosses pour y mettre lesditz corps morts de profondeur de quatre piedz pour le moing, longueur et largeur compétente, couvrir lesditz corps de terre compétament, faire ledit port et enterrement de nuit et à heure convenable, et faire tous aultres debvoirs d'office de porteur de corps mortz ou de porteur et conducteur de malades ou indisposez suspectz de contagion ou peste ; à quoy ledit Nicolas Ruyde a esté commis, et ce qu'il at emprins et promis par avant et fait le serment de en ce soy acquitter et promis aussi avant que possible luy serat sans aulcunement prendre ou mesuser des biens qu'il trouvera ès maisons mortuairs ou aultres, ny pareillemeut aller ou converser en sa maison avec sa femme maisme ny ailleurs que ès lieux où besoing sera pour l'estat dudit office. Et

[1] Nicolas Castellain, écuyer, sʳ d'Ostrove.
[2] Philippe de Renty, écuyer, sʳ de Sambethun.
[3] Robert Bonvoisin, avocat.
[4] Jacques d'Haffrengues.

sera tenu de prendre sa retraicte et résidence en telle
hutte, lieu et place qui luy serat assigné par et de la
part de mesdits sieur et leur comis. Et quand il irat hors
de sa dite hutte ou résidence, il tenu tenu de porter le
batton rouge exposé à la vue d'ung chacun affin que l'on
le puist recognoistre pour soy rethirer de luy, comme
aussy il sera tenu de soy rethirer arrière des aultres personnes en distance compétente pour éviter à la communication de la contagion à aultre. Et si l'on commect en-
cores aultres personnes oudit office ou aultres choses en
dépendant, icelluy Nicolas sera tenu l'assister et faire tous
debvoirs requis pour l'exécution de leur office de bonne
foy, et le tout selon que luy sera ordonné et à l'arbitrage
de mesdits sieurs ou leur comis. Et ne se polra ingérer
d'entrer en aulcune maison ou mettre la main à aulcune
personne ou corps sans réquisition de la personne à qui
ce polra toucher, ou ordonnance de la part de messieurs
du Magistrat, et sera tenu de soy contenter des gaiges,
taux et sallaires cy après sans polvoir riens exiger, re-
cepvoir ni prouffitter aultre chose des personnes en vertu
de promesses, convention ou aultrement sans congié et
licence de mesdits sieurs.

» Et pour sa retenue il aura dix huit florins par mois à
commenchier du jour qui luy sera commandé par mesdits
seigneurs entrer en office, et à continuer quarante jours
après le dernier corps qu'il aura porté, à paier par l'argentier de xv jours en xv jours. De chasque corps grand
ou petit qu'il ira quérir aux maisons, fût hors ou dedens
la ville, qu'il aura porté et inhumé en terre saincte, y
compris la fosse qu'il sera tenu de faire ou faire faire selon
que dit est au cymentière de S' Adrien ou ailleurs en terre
saincte, trente solz aux frais et à la charge de ceulx ayant
moïen, et quinze sols à la charge de la ville aussy de chasque corps de pauvres, et pour aultre debvoirs il sera payé
à la discrétion de messieurs, et en cas de reffus de ceux
ayant moïen de païer mesdits sieurs y pourvoiront pour
le faire païer ; sy lui a esté donné pour denier à dieu xx

et ung demi tonneau de forte bière, au lieu du vin de marché, qui luy sera délivré.

» S'il advenoit que ledict Nicolas Ruyde, durant lesditz
debvoirs et temps, vint à décéder de la contagion, en ce
cas mesdits sieurs feront assister la vefve survivante de
la bourse commune ou table des pauvres des églises pour
subvenir à ses nécessitez.

» Ce fait, ledit Nicolas Ruyde, après avoir eu lecture de
ce que dessus, a promis par serment de soy conformer et
accomplir de point en point les dits debvoirs et conditions
sus ditz, ayant été accordé audit Ruyde que ses gages au-
ront cours dès ce jourd'huy. »

(Même registre, f. 177.)

III

4 Septembre 1625.

« Chirurgien nommé aux pestiférez.

» Le iiii de septembre xvie xxv, par devant Messieurs de
l'an passé, sauf Legay et Rumault [1], ceux de l'an présent
sauf Bonvoisin, les dix jurés sauf du Castel et Meurin [2] ;
— Comme pour remédier à la maladie contagieuse pré-
sentement régnant en ceste ville et ès faubourgz d'icelle
au lieu nommé le Haultpond, et assister leurs bourgeoiz
et habitans qui sont ou polront estre touchés d'icelle, ont
esté trouvé convenir de se pourvoir d'un chirurgien, in-
formez de la souffisance et expérience de Maistre George
du Maisnil, chirurgien demourant en ceste ville, ont, de
l'advis du Magistrat de l'an passé et dix jurés pour la
communaulté de ceste ville, traicté et convenu avec led.
s. du Maisnil à l'effet susdit sous les gaiges journaliers,
charges et conditions cy après déclarées, le tout par pro-

[1] Adrien Legay, avocat, Philippe Rumault, docteur en méde-
cine, avaient fait partie du Magistrat de l'an 1624.

[2] Pierre du Castel et Guillaume Meurin.

vision et tant que aultrement serat trouvé convenir.

» Qu'il sera logé en certaine maison située près le jardin de S' Adrien, pour en joyr aussi long tems qu'il sera en service pour ladicte maladie.

» Aura pour gaiges quatre florins par jour, à commencer samedy prochain vi de ce présent mois de septembre et en estre paié par l'argentier de xv™ à aultre, lequel paiement sera aussy continué pour les quarante jours après que de la part de Messieurs luy sera déclaré que lon le descharge de sa sollicitude des infectez.

» Luy sera fait advance de la somme de sent florins à rabattre sur ce qui luy sera deub pour ses gaiges journaliers.

» Qu'il aura pour chascune personne qu'il garsera[1] ou seignera estant requis de quelque bourgeois ou habitant notable ayant moïen vingt pattars.

» Des seignées de bourgeois ou habitans médiocres gens méchaniques vivant de leur travail et manœuvres, ou pour les garser dix pattars.

» Mais pour la seignée des pauvres entretenus des tables paroissiales, bourses communes et hopitaux ou pour les garser ne lui sera payé aultre chose.

» Sera tenu de faire visitation des corps mortz suspectez d'estre décédés du mal contagieux touttes fois qu'il en sera requis ou que lui sera ordonné par messieurs du Magistrat ou commis de leur part, moyennant pareil sallaire qu'est cy dessus addicté selon la qualité des personnes, sçavoir xx' pour les riches, x' pour les médiocres et pour les pauvres rien.

» Au regard des emplastres, cataplasmes, applicatz et aultres médicaments qu'il conviendra pour la guarison des infectez, sy avant qu'il les livre et applique de son industrie et à ses despens il en sera payé raisonablement et en cognoissance de la valeur desditz médicamens, sans por luy se povoir faire païer à discrétion, et seront

[1] Garser signifie : donner le coup de lancette.

les malades libres de faire prendre lesditz médicamens à leurs despens ès maisons de tels apoticaires que bon leur semblera.

» Pour continuation des cures, solicitudes et diligences qu'il fera auxditz infectez jusques à plaine guéricon ou aultrement .sera ordonné de ses sallaires et mérites par messieurs du Magistrat à la charge desditz malades selon la qualité d'iceulx.

» Est et sera tenu de visiter oculairement, traicter et panser par ses mains tous malades infectez pauvres que riches touttes fois qu'il en sera requis, sans povoir convenir ny traicter aulcunement de ses sallaires, ains en sera paié à cognoissance de cause comme dict est cy dessus.

» Luy sera furny à charge de la ville cent fagotz, trois rasières de charbon et trois pierres de chandeilles sy tost qu'il entrera en service pour en user durant son dit service.

» Lui est encore accordé exemption de garde personnelle pour luy et ceulx de son maisnage, et de logement de soldatz si long temps qu'il sera en service.

» Et pour une robbe par luy requise luy est accordé vingt florins une fois, à charge en cas que durant les six semaines dernières l'on trouvera bon de le rappeler, il sera tenu rentrer en ladicte infection, et y continuer le service aux mesmes gaiges et charges que au précédent.

» Plus luy at esté accordé la somme de vingt florins une fois le vin de ce présent accord dont il sera paié promptement.

» Sera commis ung apoticaire pour luy livrer ce que sera de besoing à la charge de la ville pour le regard des povres.

» Au surplus aux mesmes charges, services et conditions portées par l'accord faict aultrefois avecq Me Aleaumes Ogier, chirurgien commis aux infectez en date du XI de juing XVIe quatre dont luy a esté faict lecture particulière.

» Lequel maistre Georges du Maisnil comparaissant en

halle et ayant eu lecture des poinctz et articles cy dessus,
il les a accepté, et suivant ce at presté le serment de soy
fidellement acquitter tant en ladite cure des pestiferez que
visitation des corps morts et aultrement. »

(Même registre, f. 180 v°.)

IV

Le XV de septembre XVI° XXV

Commis pour prendre esgard aux infectez et aux povres.

Jacques bulot et franchois thelier ont esté nommés par
provision et jusques au rappel de Messieurs pour visiter
chascun jour quelles maisons il y at infectées en ceste
ville et banlieue, combien il y at de personnes malades
ou non en chascune, et en faire chascun jour rapport du
matin ou à telle heure qu'il leur serat ordonné, et ce aux
eschevins septmainiers qui se trouverront à cest effect à
la scelle, pour donner ordre aux pestiferez, meismes faire
note quand aulcunes maisons ont achevé le temps de six
sepmaines, ou celles qui se commenceront à cause du
trespas de quelque corps en icelle, comme aussy rapporter
ceux qui sont povres et nécessiteux, et faire contenir les
infectez en leurs maisons ou demeures sans les laisser
aller avant la ville, sinon aux heures adictes, assavoir ès
jour de marchié depuis deux heures après midy jusques
à quatre, et en aultres jours depuis douze heures du midy
jusques à deux heures, sauf que les dimences et festes
commandées, ilz polront estre sur les cimentières avant
midy pour oyr la Ste Messe, et sauf aussy que ceulx estant hors de la ville non estrangiez et nayant commande-
ment de non rentrer, polront aller avant la ville à telle
heure que bon leur semblera à effect de rentrer et sans
tarder avant ladite ville, ni vaquer à aultre effect que pour
retourner en leurs maisons par le droit chemin.

(Même registre, f. 182 r°.)

Saint-Omer, Typ. H. D'HOMONT.